LETTRES

DU MINISTRE DE L'INTÉRIEUR

AU PRÉSIDENT DE LA CONVENTION NATIONALE,

En addition à son Compte rendu le 6 janvier.

Paris, le 23 Janvier 1793, l'an 2.ᵉ de la République.

Le Ministre de l'Intérieur au Président de la Convention nationale.

JE vous prie de mettre sous les yeux de la Convention nationale les comptes que j'ai l'honneur de vous transmettre. Ils forment les élémens du compte général que je m'étois imposé le devoir de rendre public, quand même la circonstance de ma démission n'auroit point eu lieu. J'ai toujours pensé que c'est sur-tout en matière de dépenses, que la responsabilité des ministres de la république doit être perpétuellement éclairée & surveillée. Aussi j'appelle sans crainte tous les regards sur mes opérations de ce genre. Chaque mois, j'ai remis à l'Assemblée nationale un compte particulier; chaque article de dépense y étoit scrupuleusement appuyé de la loi qui l'autorisoit. Aujourd'hui, pour dernier acte de mon ministère, je présente un tableau général de tout ce que j'ai ordonné depuis le 10 août jusqu'au 1.ᵉʳ janvier. S'il est moins détaillé que n'étoient les comptes de chaque mois, il a l'avantage d'offrir sous un seul aspect la masse entière des dépenses de mon ministère dans l'intervalle de temps dont il s'agit. Sur ce tableau, l'observateur qui désireroit approfondir son examen, & dont je

A

provoque hardiment la févérité, peut fixer & diriger fa recherche. Si l'Affemblée en charge des commiffaires, ils rencontreront le même avantage; & s'aidant enfuite, non-feulement de mes comptes particuliers, mais encore des regiftres qui exiftent dans les bureaux du département de l'intérieur, que la Convention peut fe faire produire, que chacun de fes membres, & même tout citoyen de la république peut venir confulter, ces commiffaires fuivront fans peine, jufques dans fes moindres rameaux, le fyftême entier de cette comptabilité. Ils y trouveront, non pas un dédale où l'on ait ménagé les moyens d'égarer ceux qui voudroient le parcourir, mais des points de lumière foigneufement placés pour affurer, éclairer & diriger leur marche.

Le compte qui fe trouve fous le n.° II, eft celui du fonds de 100,000 livres mis à ma difpofition par la loi du 18 août, pour *les frais de correfpondance que le miniftre de l'intérieur jugera néceffaires, & pour l'impreffion & diftribution des écrits propres à éclairer les efprits fur les trames criminelles des ennemis de l'état.*

Sur les 100,000 livres dont il s'agit, la tréforerie nationale a payé particulièrement un article de 84 livres porté dans ma dépenfe du mois de décembre; & de plus, elle m'a délivré en plufieurs fommes celle de 40,000 livres, dont j'ai dépenfé 32,913 livres 6 deniers. Le compte n.° II, indique par nom, par fomme & par nature d'objet, chaque article de cette dépenfe, dont je fournirai d'ailleurs à toute réquifition la quittance & les pièces juftificatives. Il me refte donc entre les mains la fomme de 7,086 livres 19 fous 16 deniers, que je fais reporter aujourd'hui à la tréforerie nationale.

Je fais également remettre à la tréforerie une fomme de 1,475 livres 12 fous, reftant du fonds de 20,000 livres mis à ma difpofition par la loi du 24 août, pour frais de courriers. J'en ai dépenfé la fomme de 18,524 livres 8 fous, & 37 quittances qui font dans mes mains, peuvent en juftifier l'emploi.

La Convention fe rappellera fans doute que le 17 octobre, je lui ai rendu compte d'une fomme de 15,000 livres, que fur le fonds d'un million décrété par la loi du 28 août, la tréforerie nationale avoit remife entre mes mains. Le réfultat de ce compte étoit qu'il me reftoit encore fur cette fomme celle de 1,556 livres.

L'état joint ici, & coté n.° III, fait voir que par un emploi de 415 livres fur ce reliquat, il eft réduit aujourd'hui à 1,141 livres, que je fais également remettre à la tréforerie nationale.

Je préfenterai fous peu de jours mon compte depuis le 1.ᵉʳ janvier jufqu'au jour d'hier.

J'y joindrai l'état des produits de la vente des démolitions des Tuileries, lefquels produits ont été employés en à-comptes aux divers entrepreneurs.

Le 15 novembre dernier, j'ai fait verfer à la tréforerie nationale une fomme de 12,159 livres 18 fous par le citoyen Bourfault, commiffaire pour la vente des chevaux de la république. Ses comptes ne font pas encore arrêtés; ils alloient l'être. Il préfente un état de dépenfe qui excède de 293 livres les autres recettes effectives qu'il a faites; & la grande maffe des chevaux dont il a eu l'adminiftration, & dont l'évaluation a été faite fuivant des procès-verbaux authentiques, a été livrée au département de la guerre, ou à des officiers des armées de la république, fur les demandes du miniftre de la guerre. Leurs valeurs ne rentreront au tréfor public que par les comptes qui feront à apurer entre le département de la guerre & celui de l'intérieur, ainfi que par les retenues qui feront faites fur les traitemens des officiers détenteurs des chevaux.

Les opérations des fcellés, & le peu d'efpoir que dans ces circonftances il eft poffible d'admettre, d'une vente avantageufe des riches objets du garde-meuble, ont été caufe que cette vente n'eft pas commencée ; feulement il a été indifpenfable d'en faire une il y a douze jours, de pelleteries dont la confervation étoit difficile. Elle a eu lieu, après y avoir appelé des commiſſaires du département. Elle a produit une ſomme de 9,133 livres 18 ſous, qui eſt encore entre les mains de l'huiſſier priſeur, & ſur laquelle il faudra prélever des frais qui ſont à régler ; le ſurplus pourra ſe verſer à la tréſorerie, ou ſervir aux dépenſes du garde-meuble.

R O L A N D.

Paris, le 23 Janvier 1793, l'an 2.ᵉ de la République.

Le Miniſtre de l'Intérieur au Préſident de la Convention nationale.

DANS le compte détaillé que j'ai rendu à la Convention , le 6 de ce mois, concernant toutes les parties du miniſtère de l'intérieur, j'ai annoncé à l'article des bâtimens nationaux, des obſervations importantes, de vaſtes plans & des moyens économiques : 1.º pour achever le vieux Louvre ; 2.º pour éclairer, par le ſommet de la voûte, la galerie du *Muſéum* ; 3.º pour terminer les voûtes de cette galerie, déjà à moitié reconſtruite depuis les guichets du Carouſel juſqu'au pavillon de Flore ; 4.º pour percer une rue qui communiqueroit de la place du Louvre à celle du Carouſel ; 5.º pour former une place publique, ſpacieuſe, en face du palais des Tuileries, avec un monument national au centre de cette place, où viendroient aboutir les lignes capitales qui traverſent le milieu du Louvre & des Tuileries ; 6.º pour faire précéder l'entrée du palais des Tuileries par des cours qu'enceindroient des portiques & de vaſtes promenoirs, aux deux côtés deſquels ſeroient placées des boutiques de marchands, à l'inſtar de celles du Palais royal ; 7.º pour conſtruire une nouvelle ſalle propre à recevoir les Lé-giſlatures à venir au milieu du palais des Tuileries ; 8.º pour loger convenablement ; au nord de ce palais ; toūs les comités des légiſlatures avec leurs bureaux ; 9.° pour établir dans la partie du midi, le Pouvoir exécutif avec les bureaux des différens miniſtres ; 10.° pour projeter une nouvelle galerie ſymétrique à celle du *Muſeum*, depuis le pavillon Marſan juſqu'à la rue Saint-Nicaiſe ; & 11.° enfin, pour ouvrir une rue depuis le pavillon de Médicis juſqu'à la place de la Liberté, avec des iſſues tranſverſales qui communiqueroient avec les rues Neuve-Saint-Roch, de la Sourdière, la place Vendôme & la rue neuve de Luxembourg.

J'ai dit à la Convention que les plans d'exécution étoient fournis, & que les mémoires expoſitifs de ce travail ne tarderoient pas à être dreſſés.

Je dois dire ici quel eſt l'état dans lequel je laiſſe ce travail, dont les détails au ſurplus, & les divers développemens ſeront communiqués en temps & lieu, aux commiſſaires que la Convention nommera pour examiner mes opérations.

De l'achèvement du vieux Louvre.

JE n'entends parler ici que des travaux à faire pour terminer les voûtes, les planchers, les couvertures, & fermer de portes & de croiſées, la partie de l'eſt de ce bâtiment, depuis le paſſage Saint Germain juſqu'au pavillon d'angle qui regarde l'eſt & le midi, ainſi que toutes celles qui donnent ſur le jardin de l'Infante à l'expoſition du midi.

Toutes ces parties ajoutées les unes aux autres, donnent enſemble une ſuperficie de 436 toiſes qui, multipliées par 3,000 livres, (prix auquel j'évalue chaque toiſe ſuperficielle) donnent un total de 1,308,000 livres. Je répète qu'il n'eſt queſtion dans cette évaluation, que de rendre toutes les parties à terminer habitables ; mais ſans aucune eſpèce d'ornemens ni d'ouvrages d'art, qu'il convient d'ajourner à des temps plus proſpères.

6

De la Galerie du Muséum.

Pour apprécier la dépense qu'exige la refection d'une partie de
la voûte de la galerie du *Muséum*, pour y introduire la lumière par le
sommet, j'ai commencé par faire examiner par des gens de l'art,
s'il étoit absolument nécessaire, pour cette opération, de détruire
la voûte en entier; & il m'a été démontré que cela n'étoit pas
nécessaire. Je me suis fait rendre compte ensuite des différens pro-
cédés de construction qui ont été employés au sallon de l'exposition
des tableaux, pour y introduire la lumière par le haut, du montant de tous les mémoires réglés de ces travaux; & il est résulté
de toutes ces recherches, que le prix de la toise superficielle
pour ce genre d'opération, n'est pas tout à fait de 1,000 livres.

La galerie a 1,500 toises de superficie, dont il faut extraire
750 toises, à cause de la moitié de la voûte à laquelle on ne
toucheroit pas. Conséquemment cette superficie multipliée par
1,000 livres, donneroit au plus un total de 750,000 liv.; mais
comme il y auroit des dépenses particulières à faire dans l'intérieur de la galerie, pour la disposer convenablement à l'objet
de sa destination, je pense qu'il faudroit élever les dépenses néces-
saires à la perfection de cette galerie, à un total de 1,000,000 l.

Les plans relatifs au projet que j'ai formé pour faire au Carousel
une place vaste, au centre de laquelle seroit un monument
national qui regarderoit le Louvre & les Tuileries; pour faire
précéder ce palais par des issues & des cours spacieuses, envi-
ronnées de promenoirs commodes & agréables, meublés de
boutiques de marchandises de tous les genres; pour commencer
une nouvelle galerie à l'alignement du pavillon Marsan; pour
ouvrir une nouvelle rue depuis le petit Carousel jusqu'à la place
de la Liberté; les plans, dis-je, relatifs à toutes ces dispositions,
sont faits en masse seulement, & ils seront remis aux commissaires,
dès que la Convention les aura fait connoître.

Sur ces plans, ils verront que les projets que j'annonce, pro-
duiront plus de 1,200 toises courantes, feulement de boutiques à
louer qui, au modique prix de 1,000 livres la toise courante,
(au Palais royal la toise courante eft louée plus de 2,000 liv.),
donneroient un revenu net de 1,200 mille livres. Je n'ai pu encore
me rendre un compte exact de ce que contenoient les bâtimens
projetés; mais quand bien même toute la dépenfe à faire iroit à
10,000,000 livres, la Convention fentira quel avantage il en
réfulteroit encore, & pour la république, & pour la ville de
Paris, qui feroit certainement la première à en profiter.

Il n'eft pas queftion ici d'une de ces fpéculations équivoques,
par lefquelles, de temps immémorial, on n'a que trop fouvent
égaré le gouvernement. Ce que je propofe n'eft environné ni de
calculs abftraits, ni de myftères fcientifiques. A l'infpection des
plans, les commiffaires n'auront befoin que des yeux & d'un
compas, pour avoir en un inftant la preuve de ce que j'avance.

La Convention ne doutera fûrement pas de l'avantage qu'auroit, par mes plans, l'enceinte du Louvre & des Tuileries fur celle
du Palais royal ; & je croirois lui faire injure fi, en abufant de
fon attention, j'entrois ici, à l'égard de ces deux enceintes, dans
des détails de comparaifon.

Je ne puis me difpenfer de dire un mot fur l'idée que je me
fuis faite, en projetant de placer un jour à venir, les légiflatures
au milieu du palais des Tuileries.

La nouvelle falle formant alors un avant corps majeftueux
au centre de ce palais, fur le jardin, appelleroit de très-loin l'œil
des fpectateurs, & imprimeroit par cela feul un caractère vraiment
national, à tout l'enfemble du monument fur lequel il domine-
roit.

Il fuffiroit de favoir que les Tuileries font devenues le temple de
la liberté, pour deviner, au premier aperçu, le lieu du fanctuaire
de ce temple.

Les comités & le Pouvoir exécutif, placés de droite & de gauche près le Corps légiflatif, me paroiffoient être au lieu & à la diftance convenables, pour concourir efficacement avec lui à l'entretien du mouvement, & conféquemment de la vie du corps politique.

Je défire ardemment que l'idée que je me fuis faite fe réalife, & qu'on y ajoute au furplus tout ce que l'amour du bien public, & des talens fupérieurs aux miens, peuvent y faire ajouter.

Je termine ma lettre par l'annonce de deux états ci-joints, cotés *C* & *D*.

Le premier eft celui de la fuperficie des différens terrains dépendant de la lifte civile, fitués dans les environs du Louvre & des Tuileries. Il vient en appui des obfervations précédemment énoncées.

Le fecond eft un état arrêté par moi provifoirement, des dépenfes fixes de l'adminiftration des bâtimens nationaux, autres que les manufactures & le garde-meuble, reftés dans le miniftère de l'intérieur, & faifant ci-devant partie des domaines de la lifte civile. La multitude d'affaires qui fe croifent en tous fens, m'a ôté la faculté de recueillir affez de renfeigne ens pofitifs fur celles des maifons de la ci-devant lifte civile, qui font hors du département de Paris, pour déterminer l'état des hommes néceffaires à leur confervation, jufqu'au moment où elles feront évacuées du mobilier qu'elles contiennent. Ce que je préfente donc à la Convention, ne concerne que le département de Paris. Dans le tableau, l'ancienne adminiftration fe trouve placée à côté de la nouvelle, & ce rapprochement fera voir l'énorme différence des deux dépenfes.

R O L A N D.

SUBSISTANCES.

Lettre écrite par le Ministre de l'Intérieur au Président de la Convention nationale, le 23 janvier 1793, l'an second de la République Françoise.

J'AI l'honneur de mettre sous les yeux de la Convention nationale, un état des demandes qui m'ont été adressées depuis le 1.er septembre dernier jusqu'au 20 de ce mois, pour obtenir des secours en subsistances. L'Assemblée verra que ces demandes montent à plus de quatre millions cinq cent mille quintaux de grains, & à sept millions cinq cent mille livres en argent, sur lesquelles j'ai déjà distribué deux cent vingt-deux mille quintaux tant en blé qu'en farine, & trois millions deux cent soixante-dix-huit mille livres en avances pécuniaires.

Cette masse effrayante de besoins est occasionnée par diverses causes, que j'ai déjà eu occasion de présenter à la Convention nationale, & que je vais retracer ici.

1.° Les pluies presque continuelles de l'automne, ont beaucoup endommagé les menus grains, tels que le maïs & le sarrasin, qui font dans plusieurs cantons de la république, la principale nourriture de la classe indigente du peuple.

2.° Les obstacles qu'a éprouvés pendant long-temps la circulation des grains, ont aussi beaucoup contribué à porter la disette là où elle ne devroit se faire sentir, & à faire augmenter le prix de la denrée.

Il y a en effet des marchés où le blé se vend plus de 96.tt

le fetier de 240 livres poids de marc, tandis que dans d'autres la même mefure fe paye moins de 27 liv. Cette énorme différence annonce combien nous fommes encore éloignés d'atteindre l'équilibre qui doit naturellement exifter dans tous les marchés de la république, & combien il eft important de protéger le commerce des grains dans l'intérieur.

3.° Une des principales caufes qui contribuent plus principalement à augmenter la pénurie des fubfiftances, & fur-tout à en faire hauffer le prix, c'eft, comme je l'ai déjà obfervé plufieurs fois à la Convention, & notamment par ma lettre du 24 décembre dernier, celle qui réfulte des achats que font faire les agens des vivres militaires & de la marine dans plufieurs départemens. Je vois en effet, fuivant un état particulier qui a été remis par eux au Confeil exécutif provifoire, le 17 de ce mois, que depuis environ deux mois & demi, ces agens ont commiffionné plus de huit cent mille quintaux de blé & dix-fept mille quintaux de farine dans vingt-fept départemens feulement, parmi lefquels il y en a 14 où j'ai été obligé de faire parvenir à grands frais des fubfiftances.

Je prie la Convention de fe faire repréfenter la lettre que je lui ai écrite le 9 de ce mois, fur les abus & les inconvéniens qui réfultent des achats que le directoire des fubfiftances fait faire; elle fe convaincra que fes opérations ne font pas énoncées d'une manière pofitive, que fes états contiennent des réticences fur les quantités de grains & fur leur prix; & qu'enfin fi l'on ne s'empreffe de mettre promptement des bornes aux commiffions que donne ce directoire, il portera néceffairement la difette & la famine dans une grande partie des départemens.

Je ne puis donc trop infifter fur la néceffité de prefcrire aux agens des fubfiftances militaires & de la marine, de ne faire à l'avenir leurs approvifionnemens de blé & de farine que chez l'étranger, ou de donner au miniftre de l'Intérieur des moyens

fuffifans pour remplir le vide que ces approvifionnemens occa-
fionnent.

Je ne dois pas taire à la Convention que les befoins de
fubfiftances fe feront encore plus particulièrement fentir au prin-
temps prochain qu'à préfent, parce que le *deficit* augmente
journellement, & qu'il eft véritablement urgent de prévenir
ces befoins par des mefures de prévoyance, qui ne peuvent
être prifes trop promptement, & qui deviendroient peut-être
impraticables fi on en différoit l'exécution. Je penfe donc qu'il
convient de faire arriver dans nos ports tous les blés & farines
que l'on pourra fe procurer de l'étranger, & qu'il eft néceffaire
d'affigner de nouveaux fonds pour cet objet.

J'ai cru qu'il étoit de mon devoir, avant de quitter entière-
ment mes fonctions, de préfenter ces réflexions à la Convention nationale, & je ne doute pas que le falut de la patrie
n'exige impérieufement qu'elles foient prifes dans la plus haute
confidération.

ROLAND.

ÉTAT *des Demandes adreſſées au Miniſtre de l'Intérieur po[ur]*
obtenir des ſecours de ſubſiſtances, depuis le premier ſeptemb[re]
1792, juſqu'au 20 janvier 1793.

NOMS des DÉPARTEMENS.	MONTANT DES DEMANDES		SECOURS ACCORDÉS		OBSERVATIONS.
	EN BLÉ.	EN ARGENT.	EN BLÉ.	EN ARGENT.	
	Quintaux.		*Quintaux.*		
L'Ain	Indéterminé.	″	″	″	
L'Allier	600,000.	400,000tt	5,000.	150,000tt	
Hautes Alpes	20,000.	400,000.	″	100,000.	
Baſſes Alpes	12,000.	″	″	350,000.	
L'Ardèche	60,000.	150,000.	″	150,000.	
Ardennes (1)	Indéterminé.	″	″	″	(1) Les agens des ſubſiſtances militaires & de la marine ont commiſſionné dan[s] ce départ.' ci. 26,520 q.ˣ
L'Aube (2)	100,000.	″	″	″	(2) *Idem* . . . 16,320.
L'Aude (3)	″	300,000.	″	200,000.	(3) *Idem* . . . 20,400.
L'Aveiron	12,000.	″	3,990.	″	
Bouches du Rhône . . .	″	2,500,000.	″	″	
Calvados	234,000.	″	4,000.	″	
Cantal	340,000.	″	″	″	
La Charente	10,000.	″	3,000.	″	
La Charente inf.ᵉ (4).	36,270.	″	1,500.	″	(4) *Idem* . . . 23,298.84
Le Cher	32,000.	″	″	″	
La Corrèſe	6,000.	100,000.	3,000.	50,000.	
La Côte d'Or	″	150,000.	″	60,000.	
La Creuſe	208,000.	300,000.	8,000.	50,000.	
La Dordogne	100,000.	″	10,000.	″	
La Drome	300,000.	″	″	120,000.	
L'Eure	162,000.	″	2,200.	″	
Le Gaad	100,000.	″	″	200,000.	
Haute Garonne (5) . . .	″	400,000.	″	200,000.	(5) *Idem.*
La Gironde	Indéterminé.	400,000.	6,000.	30,000.	Far. 7,000 q.ᵉ
Jura	9,000.	″	″	″	
L'Indre	450,000.	″	3,000.	100,000.	
Indre & Loire	30,000.	″	8,000.	150,000.	
L'Iſère	50,000.	″	″	″	
	2,871,270.	5,100,000.	57,690.	1,710,000.	Far. 7,000. 86,538. 84

NOMS des PARTEMENS.	MONTANT DES DEMANDES		SECOURS ACCORDÉS		OBSERVATIONS.
	EN BLÉ.	EN ARGENT.	EN BLÉ.	EN ARGENT.	
	Quintaux.		Quintaux.		
Ci-contre.....	2,871,270.	5,100,000ᵗᵗ	57,690.	1,710,000ᵗᵗ	F. 7,000. 86,538 qˣ 84ˡ
...ir & Cher (6)....	Indéterminé.	30,000.	5,400.	30,000.	(6) From.ᵗ 20,400.
...ire inférieure.....	5,517.	ʺ	5,517.	ʺ	
...t & Garonne.....	422,935.	ʺ	ʺ	ʺ	
Lozère........	4,000. (Kao.)	ʺ	ʺ	ʺ	
...s Landes.......	3,000.	ʺ	ʺ	ʺ	
Manche.......	19,200.	300,000.	4,000.	ʺ	
Marne (7).....	3,750.	330,000.	3,300.	240,000.	(7) Idem.. 40,800.
...aute Marne (8)...	5,760.	ʺ	2,500.	ʺ	(8) Idem.. 20,400.
...ayenne........	25,000.	ʺ	ʺ	ʺ	
Meurte........	ʺ	399,000.	ʺ	300,000.	
Meuse........	7,200.	206,137.	4,000.	120,000.	
...orbihan (9).....	6,400.	ʺ	3,000.	ʺ	(9) Idem.. 28,298.88.
Nièvre........	20,000.	ʺ	ʺ	ʺ	
...rd (10)........	40,000.	ʺ	ʺ	ʺ	(10) Idem. 104,652.
Orne........	15,120.	ʺ	3,000.	ʺ	
...ris.........	40,000.	ʺ	40,000.	ʺ	
...y-de-Dôme......	12,000.	ʺ	8,000.	100,000.	
...ffes Pyrénées.....	40,200.	ʺ	3,000.	ʺ	
...rénées orien.ˡᵉˢ (11).	18,000.	ʺ	ʺ	ʺ	(11) Idem. 10,200.
...autes Pyrénées....	20,000.	ʺ	ʺ	ʺ	
...ône & Loire (12)..	ʺ	300,000.	ʺ	300,000.	(12) Idem. 16,320.
...Sarthe........	25,000.	ʺ	4,000.	ʺ	
...ne & Oise.......	ʺ	16,000.	ʺ	16,000.	
...ne inférieure.....	102,500.	300,000.	56,789	150,000.	
...ne & Marne (13)..	ʺ	20,000.	ʺ	12,000.	(13) Idem. 21,624.
...Somme (14).....	12,624.	ʺ	8,250.	ʺ	(14) Idem. 39,822.
...rn...........	16,000.	ʺ	1,000.	ʺ	
Var.........	150,000.	ʺ	ʺ	ʺ	
...aute Vienne......	600,000.	500,000.	10,000.	200,000.	
...nne.........	20,000.	150,000.	2,500.	100,000.	
TOTAUX....	4,505,476.	7,651,137.	221,946.	3,278,000.	Far. 7,000. 389,115,72.

Il résulte de l'état ci-dessus & de l'autre part, que le montant des demandes en subsistances adressées au Ministre de

l'intérieur, depuis le 1.ᵉʳ feptembre jufqu'au 20 janvier 1793 ;
eft de . . . . 4,505,476 quint.ˣ de blé.
& en argent, de . . . . 7,651,137ᵗᵗ .
Sur quoi il a déjà été diftribué en
blé & farine . . . . 221,946 quintaux.
& en argent 3,278,000ᵗᵗ

Suivant l'état remis au Confeil exécutif provifoire, le 17 janvier 1793, par le directoire des achats de fubfiftances, pour le fervice militaire & celui de la marine, l'on voit que ce directoire a commiffionné dans l'intérieur
de la République . . . . 804,859 q.ˣ 56 l. froment,
& . . . . 17,000 quint.ˣ de farine,
fans énoncer le prix auquel ces fubfiftances doivent être achetées.

Dans les quantités commiffionnées,
il en eft imputé celle de . . . . 389,115 q.ˣ 72 l. froment,
& . . . . 7,000 quint.ˣ de farine,
fur quatorze des départemens qui follicitent des fecours, & qui, par cette raifon, femblent n'avoir aucun fuperflu de denrées à vendre ; enforte que le directoire des achats occafionne réellement la difette dans ces départemens, & oblige le miniftre de l'Intérieur à y faire paffer à grands frais des grains étrangers pour remplacer ceux que le directoire y fait enlever. Cet inconvénient n'auroit pas lieu fi l'on fe contentoit de faire acheter les fubfiftances militaires dans les feuls départemens qui en ont au-delà de leurs befoins.

L'on obferve d'ailleurs que le directoire n'énonce point dans fon état du 17 janvier 1793, les prix auxquels il fait faire fes achats, & que l'on peut en induire, ainfi que s'en plaignent plufieurs départemens, que le befoin d'acheter fait que ces achats maintiennent la denrée à un taux plus confidérable qu'elle ne feroit réellement s'il n'y avoit d'autres acheteurs fur les lieux que les feuls confommateurs.

ROLAND.

A PARIS;

DE L'IMPRIMERIE NATIONALE EXÉCUTIVE DU LOUVRE.

M. DCC. XCIII.

www.ingramcontent.com/pod-product-compliance
Lightning Source LLC
LaVergne TN
LVHW020436060726
842525LV00006B/2410